国家出版基金项目

NATIONAL PUBLICATION FOUNDATION

记住乡愁

——留给孩子们的中国民俗文化

刘魁立◎主编

第十一辑 生肖祥瑞辑

本辑主编 张 勃

蔡 磊◎编著

生肖蛇

黑龙江少年儿童出版社

编委会

序

　　亲爱的小读者们，身为中国人，你们了解中华民族的民俗文化吗？如果有所了解的话，你们又了解多少呢？

　　或许，你们认为熟知那些过去的事情是大人们的事，我们小孩儿不容易弄懂，也没必要弄懂那些事情。

　　其实，传统民俗文化的内涵极为丰富，它既不神秘也不深奥，与每个人的关系十分密切，它随时随地围绕在我们身边，贯穿于整个人生的每一天。

　　中华民族有很多传统节日，每逢节日都有一些传统民俗文化活动，比如端午节吃粽子，听大人们讲屈原为国为民愤投汨罗江的故事；八月中秋望着圆圆的明月，遐想嫦娥奔月、吴刚伐桂的传说，等等。

　　我国是一个统一的多民族国家，有 56 个民族，每个民族都有丰富多彩的文化和风俗习惯，这些不同民族的民俗文化共同构筑了中国民俗文化。或许你们听说过藏族长篇史诗《格萨尔王传》

中格萨尔王的英雄气概、蒙古族智慧的化身——巴拉根仓的机智与诙谐、维吾尔族世界闻名的智者——阿凡提的睿智与幽默、壮族歌仙刘三姐的聪慧机敏与歌如泉涌……如果这些你们都有所了解，那就说明你们已经走进了中华民族传统民俗文化的王国。

你们也许看过京剧、木偶戏、皮影戏，看过踩高跷、耍龙灯，欣赏过威风锣鼓，这些都是我们中华民族为世界贡献的艺术珍品。你们或许也欣赏过中国古琴演奏，那是中华文化中的瑰宝。1977年9月5日美国发射的"旅行者1号"探测器上所载的向外太空传达人类声音的金光盘上面，就录制了我国古琴大师管平湖演奏的中国古琴名曲——《流水》。

北京天安门东西两侧设有太庙和社稷坛，那是旧时皇帝举行仪式祭祀祖先和祭祀谷神及土地的地方。另外，在北京城的南北东西四个方位建有天坛、地坛、日坛和月坛，这些地方曾经是皇帝率领百官祭拜天、地、日、月的神圣场所。这些仪式活动说明，我们中国人自古就认为自己是自然的组成部分，因而崇信自然、融入自然，与自然和谐相处。

如今民间仍保存的奉祀关公和妈祖的习俗，则体现了中国人崇尚仁义礼智信、进行自我道德教育的意愿，表达了祈望平安顺达和扶危救困的诉求。

小读者们，你们养过蚕宝宝吗？原产于中国的蚕，真称得上伟大的小生物。蚕宝宝的一生从芝麻粒儿大小的蚕卵算起，中间经历蚁蚕、蚕宝宝、结茧吐丝等过程，到破茧成蛾结束，总共四十余天，却能为我们贡献约一千米长的蚕丝。我国历史悠久的养蚕、丝绸织绣技术自西汉"丝绸之路"诞生那天起就成为东方文明的传播者和象征，为促进人类文明的发展做出了不可磨灭的贡献！

小读者们，你们到过烧造瓷器的窑口，见过工匠师傅们拉坯、上釉、烧窑吗？中国是瓷器的故乡，我们的陶瓷技艺同样为人类文明的发展做出了巨大贡献！中国的英文国名"China"，就是由英文"china"（瓷器）一词转义而来的。

中国的历法、二十四节气、珠算、中医知识体系，都是中华民族传统文化宝库中的珍品。

让我们深感骄傲的中国传统民俗文化博大精深、丰富多彩，课本中的内容是难以囊括的。每向这个领域多迈进一步，你们对历史的认知、对人生的感悟、对生活的热爱与奋斗就会更进一分。

作为中国人，无论你身在何处，那与生俱来的充满民族文化DNA的血液将伴随你的一生，乡音难改，乡情难忘，乡愁恒久。这是你的根，这是你的魂，这种民族文化的传统体现在你身上，是你身份的标识，也是我们作为中国人彼此认同的依据，它作为一种凝聚的力量，把我们整个中华民族大家庭紧紧地联系在一起。

《记住乡愁——留给孩子们的中国民俗文化》丛书，为小读者们全面介绍了传统民俗文化的丰富内容：包括民间史诗传说故事、传统民间节日、民间信仰、礼仪习俗、民间游戏、中国古代建筑技艺、民间手工艺……

各辑的主编、各册的作者，都是相关领域的专家。他们以适合儿童的文笔，选配大量图片，简约精当地介绍每一个专题，希望小读者们读来兴趣盎然、收获颇丰。

在你们阅读的过程中，也许你们的长辈会向你们说起他们曾经的往事，讲讲他们的"乡愁"。那时，你们也许会觉得生活充满了意趣。希望这套丛书能使你们更加珍爱中国的传统民俗文化，让你们为生为中国人而自豪，长大后为中华民族的伟大复兴做出自己的贡献！

亲爱的小读者们，祝你们健康快乐！

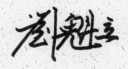

二〇一七年十二月

目 录

生肖蛇的传说：
有腿的蛇和无腿的青蛙

| 生肖蛇的传说：有腿的蛇和无腿的青蛙 |

我国生肖文化的起源应不晚于西周时期。《诗经》中的《小雅·吉日》记载："吉日庚午，既差我马。"意思是庚午是一个好日子，也是骑马出猎的好机会。这说明先秦文献中可能就出现了将生肖与干支相对应的语句，而十二生肖最完整的体系，最早出现在东汉王充的《论衡·物势》中。十二生肖自古以来，就与人们的生产生活、衣食住行紧密相关。十二生肖体现了古人对自然界的敬畏和美好愿望，也反映了人们对动物的崇拜和喜爱，是古人处理人与自然界关系的一种方式。

| 蛇年剪纸 |

生肖蛇在十二生肖中位居第六，在生肖龙和生肖马之间。民间有很多关于生肖蛇的传说，最为人熟知的恐

怕是青蛙与蛇的故事。

相传很久以前，蛇和青蛙是非常要好的朋友。那时候蛇有四条腿，青蛙没有腿，只能靠肚子缓缓爬行。蛇一天到晚好吃懒做，青蛙则非常勤劳，不仅捉虫给蛇吃，还帮助农民除掉田间的害虫。人们都很喜欢青蛙，讨厌蛇。蛇发现人类不喜欢自己，便怀恨在心，开始攻击人类。它见人就咬，见到牲畜就吃，极其猖狂，把人间弄得极不安宁。土地爷知道蛇的恶行后，把它告上了天宫。玉皇大帝将蛇传唤至天宫，劝它改邪归正。蛇表面上答应了，但回到人间后，依然我行我素，继续在人间作恶。玉帝再一次召见蛇，决定给它最后一次机会。蛇却当众反驳，口出狂言，毫无悔改之意。玉帝大怒，命令神兵收回它的四条腿，以示惩罚。后来，玉帝见青蛙对人类作出了很大的贡献，于是将蛇的四条腿赐给了青蛙。

青蛙有了腿之后，比以

前更加勤快。蛇失去四条腿之后，幡然悔悟，终于意识到了自己的错误，决心改过自新。它开始向青蛙学习，吃起了害虫，经常拖着长长的躯体，一声不响地为人类做好事。它还跟着龙学习洚水，造福于人类。蛇死后，将自己的身体全部贡献给人类，身体的各个部分变成了药材，救治了许多病人。玉皇大帝见蛇能够知错就改，奋发向上，于是册封其为十二生肖之一。蛇成为生肖后，便不再主动伤人。每当

有恶念萌生的时候，蛇就会将恶念化作一层蛇皮，然后将其蜕下，以示重新开始。尽管蛇的心性改变很多，但它对青蛙拥有自己的四条腿一直耿耿于怀。所以，直到今天，蛇一见到青蛙就咬。

| 雕有蛇纹图案的茶壶 |

青蛙自知占了蛇的便宜，见了蛇就吓得发抖，急急忙忙地躲开。

关于蛇在十二生肖中的排序亦有很多说法。相传很久以前，人们对自然的认识和理解有限，每天过着惘然不知岁月的生活。玉皇大帝

| 生活中蛇形的应用 |

为了让人们分辨年月和季度，决定选出十二种动物轮流代表一年。在新年的第一天，他让动物们各自从家中出发，赶往天庭，按照它们到达的先后次序来决定十二种动物的排序。勤劳的牛很早便起床，快要赶到天庭时，不料一只老鼠从它的耳朵里跳出来，跨过天庭的门槛，成为第一个到达的动物，老实的牛只好位居第二。蛇行走得不快不慢，便位居中游。

也有十二生肖源于计时的说法。古代以时辰为单位，将一天分为十二个时辰，人们根据动物在不同时辰活动的特性，找出与各个时辰相对应的动物，于是便有了用动物来计时的做法。蛇代表巳时，即上午九点至十一点，此时大雾散去，艳阳高照，

以蛇为原型
设计的建筑

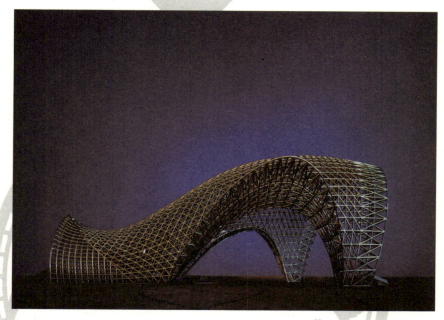

蛇为了掩藏自己的行踪，往往不在路上爬行，很少会危及到人类，于是巳时便属于蛇。

民间还有以生肖来预测人的性格的说法。据说属蛇的人神秘、浪漫，他们外表斯文、性情稳重、头脑聪敏，善于安排好个人的进退。同时他们待人冷漠，占有欲极强，爱慕虚荣，常常用怀疑的眼光看待他人，不易相处。据说春夏两季出生的属蛇的人最为厉害，冬天出生的属蛇的人则安静而顺从。当然，这种说法不具有科学性，但表达了人们对生活的预期和美好向往。

浑身是宝：蛇的习性和功用

| 浑身是宝：蛇的习性和功用 |

蛇是爬行动物，卵生或卵胎生，它们全身布满鳞片，属于肉食性动物。有很多学者认为蛇和蜥蜴的亲缘关系最为密切，它们是近亲，蛇是从蜥蜴进化而来的。在蜥蜴的原始种类里面，有一部分在漫长的进化过程中，适应了新的环境，四肢逐渐退化，形成了一些新的特征，变成了蛇；另有一部分虽然四肢没有了，但由于没有具备蛇的特点，到现在仍然是蜥蜴。

目前全世界共有 3000 多种蛇，主要分布在热带和亚热带地区。我国所产蛇类大概有 200 多种，毒蛇有 50

| 银环蛇 |

| 眼镜蛇 |

| 赤练蛇 |

| 黑曼巴蛇 |

| 黑眉锦蛇 |

| 盲蛇 |

| 蟒蛇 |

多种。我国辽东半岛南端的渤海湾处有一个蛇岛，这里全年气候温和，而且四周都是悬崖峭壁，非常适合蛇类生存，现在岛上有15000多条蛇。

蛇是一种变温动物，也被称为外源动物。蛇的体内只能产生很少的热量，再加上它没有完善的保温构造和调节能力，容易丧失热量，所以必须从外界获取足够的热量。蛇的体温与它栖息地的温度有直接关系，它可以在石头上晒太阳来提高自己的体温，也可以通过隐藏在阴凉的地方或者潜伏在水中，来降低自己的体温。正是由于这样的特点，蛇才有了冬眠的习性。

蛇的体温低于人类，所以我们又称其为冷血动物，当周边环境的温度低于15℃时，蛇就会逐渐进入冬眠状态。蛇一般会选择非常干燥的洞穴，或是在岩石缝里冬眠。冬眠期间，蛇维持体内新陈代谢的最低水平，只依靠体内的脂肪维持生命。所以冬眠后，蛇消耗了体内大部分脂肪，脂肪损失可达30%以上，体重损失可达10%以上。而且，蛇在冬眠期间的死亡率非常高。冬眠期的蛇，往往几十条甚至成百条聚集在一起，抱团取暖，这样可以使它们的体温升高，减少水分的流失，同时也利于冬眠后的交配繁殖。在热带地区，夏季气温过高，一些蛇也会进入休眠状态，我们称之为夏眠。

蜕皮是蛇的一种特殊生理现象。覆盖在蛇皮肤最外

| 晒太阳的蛇 |

| 水中的蛇 |

的一层角质膜，叫作角质鳞，它柔韧性较好，不透水，也不会随着蛇的身体而逐渐长大。每隔二三个月，蛇就要

| 冬眠中的蛇 |

蜕皮一次。蜕皮的时候，蛇首先会停止饮食，躲在一个安全的地方，一般是表面粗糙的地方或者有坚硬的树干的地方。它先把嘴边的皮磨掉，之后尽力从破裂的地方爬出来，蜕下来的旧皮就像一只脱下来的袜子，而换上的新皮会更有光泽。蜕去受损的旧皮可以防止蛇受到蛆虫等寄生虫的侵害，还可以令它变得更加强大。对于人类来说，蛇自然蜕下的体表角质层含有骨胶原等成分，有祛风、解毒、明目、杀虫的功效。

蛇是用嘴来猎食的食肉性动物。无毒蛇一般靠它尖锐的牙齿来咬住猎物，然后很快用身体把猎物缠死或压得比较细长再吞食。毒蛇的毒液既可以杀死猎物，也是一种消化液，可以消化猎物。蛇的头和嘴并不大，却能吞下比它身体大的动物，那是因为蛇的嘴是可以随着食物的大小而变化的，而且吞食的速度也与食物的大小有关。吞下一只小白鼠需要 5 到 6 分钟，如果是很大的鸟则需要 15 到 18 分钟。蛇的食欲较强，食量也大，它每吃一次食物，要花上五六天的时间才能消化完毕。蛇是鼠类的天敌，老鼠遇到蛇，就会难逃"法网"。这时，蛇往往会静止不动，张开大口，利用舌下的毒腺向猎物喷射毒液，将鼠麻痹，使其难以挪动，然后吞食并通过消化液将其消化。此外，青蛙、蟾蜍等小动物也常常是蛇的美餐。蛇遇到青蛙，往往不动声色，然后慢慢挪移，匍匐前进，最后猛地蹿过去，即使青蛙发现了，也来不及逃离。

虽然蛇是一种令人害怕的动物，但它的肉是可以食用的，而且还成为了一些地区的特色美食。蛇肉不仅可以滋阴补阳，还有清血美肤的效果。大部分亚洲国家诸如中国、泰国、印尼、越南及柬埔寨，都有吃蛇肉、喝蛇血的习惯。在我国南方地区，用蛇肉和猫肉做成的名菜叫作"龙虎斗"，用鸡肉和蛇肉做成的名菜叫作"龙凤呈祥"。广东省还有一道独特的广东菜，叫作蛇羹，

| 捕食中的蛇 |

适合秋天吃，是一种抗寒保温的有益食物。

蛇是人类重要的动物资源，它的药用价值非常高。晒干的蛇肉可以做药饵，有医治麻风病、手足痉挛症、杀死体内的寄生虫等功效，

| 用蛇肉烹饪的地方美食 |

| 蛇蜕 |

晒好的蛇干可以用来泡酒，治疗风湿病等。看似指尖大小的蛇胆，功效极大，它含有胆汁酸、氨基酸、维生素等对人体有益的成分，能够滋养肝胆、治疗眼病、关节炎、失眠、咳嗽等。蛇胆既可以用开水冲食，也可以制成蛇胆粉、蛇胆酒、蛇胆丸、蛇胆胶囊等药品。蛇体内致命的蛇毒也是一种珍贵的药材，蛇毒可以制成抗蛇毒的血清，是一种治疗毒蛇咬伤的特效药。在日本，有一种名叫"波布"的蛇，主要分布在冲绳一带，当地人会把它制作成"波布清酒"和蛇粉来补身。除了蛇肉、蛇胆、蛇毒有非常珍贵的药用价值外，蛇蜕下的旧皮也有祛风

湿、杀虫的功效，蛇骨烧成灰可以治疗赤痢；蛇粪可以治疗痔瘘。

虽然大多数人都害怕蛇，但也有一些人非常喜欢蛇。现在，世界上很多地方都有人饲养蛇。比如，在西方国家，球蟒及玉米蛇这两种性情较温和的蛇是很受欢迎的宠物品种。一些人为了供应作宠物用途的蛇，便尝试人工饲养，而且被饲养的蛇比起野生蛇性情更加温和，更

适合当宠物。

在我们的日常生活中，蛇皮也有很多用途，很多盛产蛇的地方都会取蛇皮制成各种皮具用品，如钱包、手

提包等等。还有一些传统的　　　　线的琴身，皆可用蛇皮制作。

乐器，如二胡及日本的三味

| 蛇皮包 |

| 蛇皮鞋 |

远古的信仰：蛇图腾

| 远古的信仰：蛇图腾 |

"图腾"是印第安语的音译，意为"它的亲属"或"它的标记"。古代氏族在其形成过程中，往往将某种植物或动物视为自己的祖先，这种植物或动物便成为该氏族的名称或标志，即成为氏族的"图腾"。图腾往往被看成是氏族的保护神，神圣不可侵犯，受到氏族成员的顶礼膜拜。

上古时期，中华大地上形成了诸多氏族。传说中，一些部落的人是人面蛇身的形象，反映了远古时代蛇图腾的印记。《山海经·海外西经》载："轩辕之国在比穷山之际，其不寿者八百岁。

在女子国北。人面蛇身，尾交首上。"轩辕国是传说中的古代国名，它的位置在女子国北边，这个国家的人寿命最短的也能活八百岁，长着人的脸，蛇的身子，尾巴盘在头上。

《史记·天官书》载："轩辕，黄龙体。"并说黄帝之子有十二个姓，其中"僖"姓和"巳"姓为龙蛇族，说明黄帝部落的图腾体系中原本是有蛇图腾的，后来又演化成了龙。陶唐氏尧所在的氏族与蛇的关系也非常密切。据说，尧既是黄帝的传人，又是龙的儿子，而且他的下属共工也是人面蛇身，长着人的手和脚。陶唐氏认为自己与龙蛇有血缘关系，所以让大禹治水时，把蛇类动物驱赶回水草之中，并没有对它们赶尽杀绝。

东夷是古时华夏族对其东边非华夏族的泛称，由太昊族、少昊族、皋陶族等氏族部落组成。太昊族的图腾中有凤鸟、太阳、火和虫蛇，太昊族也称伏羲氏，也有人

| 轩辕国人的画像 |

称之为庖牺氏。根据《列子》中的记载，庖牺氏、女娲氏、神农氏和夏后氏皆是人首蛇身。传说中的伏羲"人首蛇身，有圣德"，并擅长画八卦、结渔网、制乐器。伏羲有一个妹妹叫女娲，也是人首蛇身，他们为创造人类，结为夫妇，成为人类始祖。

苗蛮族在上古时代主要活动在今湖北、湖南和江西一带。《说文解字》中提及："蛮，南蛮，蛇种。"从字形上看，古代南方地区的人与虫、蛇关系极为密切。《山海经·海内经》也曾载："有人曰苗民，有神焉，人首蛇身，长如辕，左右有首，衣紫衣，冠旃冠，名曰延维，人主得而飨食之，伯天下。"由此可以看出当时的苗民是崇蛇民族，他们崇拜的蛇神

名叫延维，人首蛇身，如车辕般长，且有两个头，穿紫色衣，戴旃帽。延维还能辅佐国君，国君得到他的神威相助，便可以称霸天下。如今重庆的一些少数民族地区还敬蛇如神，不打蛇，不吃蛇，也不直呼蛇的名字，而是尊称其为"金串子"或"钱串子"等。在重庆秀山石堤悬棺中，曾发现两千多年前古代巴人遗存的蛇形文字和图腾，人们称之为"天书"。

生活在今福建地区的古闽族的图腾相传为蛇。古代的闽族主要发展成为今天的畲族和高山族，"畲"与"蛇"音近，由此看畲族与蛇有着很深的渊源。许慎在《说文解字》中解释道："闽，东南越，蛇种。从虫，门声。"这里的"蛇种"就是"蛇族"，

| 伏羲女娲画像 |

即信仰蛇神的氏族，"闽"字的"虫"通"蛇"解，意为家里供奉蛇的氏族。福建地区的人以蛇为祖先，形成了许多崇蛇敬蛇的习俗。渔民会在船上供木雕蛇像，祈祷能安全顺利地捕到鱼；陆地上的居民将蛇尊为"侍者公"或者"青公"，加以膜拜。

南平市樟湖镇自明代起就建有蛇神庙，内有蛇王雕像，皆是帝王装束，可见蛇王在人们心中的重要地位。当地人不仅建造蛇王庙，还在每年元宵节前后举办游蛇灯活动，在农历七月初七还有赛蛇迎神活动。赛蛇迎神活动一般从农历六月下旬开始，当地村民四处捕蛇，并把捕到的蛇都放进蛇王庙里细心养护。到七月初七那天，人们组成浩浩荡荡的迎蛇队伍，敲锣打鼓地将捕到的蛇送到蛇王庙前集中放生，以此祈求好运。

黎族关于蛇有这样一个传说：古时有一对孪生姐妹阿花和阿香，她们常在月光下编制箩筐。一日，漂亮的妹妹阿香发现箩筐内有一条大蟒蛇。蛇要阿香嫁给它，阿香说她不会嫁给会咬人的蛇，蛇就威胁阿香要杀死她的父母，阿香只好随蟒蛇进入山洞生活，从此繁衍后代，成为黎族先祖。

由于认为蛇是祖先灵魂的化身，蛇成了黎族社会文化中的禁忌对象。三月三节是美孚黎人祭拜祖先和青年男女以歌为媒相恋的传统节日，人们都要祭拜祖先，烧香供奉祭品，祈求保佑。如在墓地周围发现蛇，就认为

蛇王庙

福建南平樟湖镇七夕兴办崇蛇民俗文化节

是祖先灵魂的显现，神圣不可侵犯，对它十分崇敬；如果无意中伤害了它，就必须举行赎罪仪式。东方县的黎族人冒犯或伤害蟒蛇（俗称蝻蛇）时，肇事者须杀猪备酒菜，到肇事地点请祭，还要架锅升火，熬煮中药，以藤条代蛇，为蛇涂药疗伤，祈求"祖先"不要怪罪。

相传侗族也是蛇的后代。很久以前，有一对父女从山上挑柴回家，走到半山腰时，突然遇到一条大花蛇。大花蛇昂头张口，露出尖长的牙齿，非常可怕。父女俩见状，正打算逃走，不料大花蛇竟立起身子大声说："你们不要害怕，只要你家姑娘答应做我的妻子，我就让你们回去，好生报答你们。若不答应，就把你们一口吞掉。"父女俩没有办法，只好同意。第二天，父女俩正在堂屋吃饭，忽然飞来了一只大蜜蜂，绕着两人唱道："嗡嗡嗡！花蛇请我来做迎亲翁，姑娘嫁给花蛇郎，吃饱穿暖不愁穷。"姑娘点头会意，唱道："迎亲翁！迎亲翁！姑娘愿嫁花蛇郎，开山种地居山洞。"于是姑娘便随着大蜜蜂去山洞与花蛇成亲，成亲后他们繁衍后代，开枝散叶，于是便有了侗族人。

在今天的侗族地区，还有一个叫"笨腊随"的家族，"笨腊随"是"蛇种"的意思。这里的人们认为蛇是他们的祖先，如果在村子外面遇到了蛇，不能打它，也不能惊吓它，否则会有厄运。蛇来到家里，他们会认为是祖先回家了，要焚香烧纸祈祷；如果久旱不雨，土地干裂，人们会祈求"蛇神"显灵，兴云降雨，免除干旱。

台湾高山族排湾人相传也是以蛇为图腾，他们视百步蛇为祖先。在排湾人中，流传着一个古老的故事。远古时代，太阳来到世间，产下两颗红白色的蛋，并指定百步蛇来保护它们。这两颗蛋孵出了一男一女两个神，他们的后代就是排湾人的祖先。排湾人用百步蛇的图纹来装饰房子、器皿和衣物，以龙蛇文身来象征威猛与力量。如果蛇来到了排湾人家里，他们认为这是一种好预兆，蛇入家门是老祖宗驾临，会举行恭敬的迎送仪式来表达他们对蛇的尊敬。

蛇图腾的产生与蛇本身的习性以及远古先民对其的态度和情感不无关系。《韩非子·五蠹》中记载："上古之世，人民少而禽兽众，人民不胜禽兽虫蛇。"自然中的蛇对于古人来说，是神秘、灵异与凶悍的象征，早期的人类为了生存，会和各种动物进行较量与斗争，而蛇显然是人类的一大敌手。由于有的蛇具有攻击性，能喷出毒液，人们打不过它，就对它产生了畏惧的心理。蛇与水患也有着密切的联系，

| 蛇图腾饰品 |

| 蛇图腾工艺品 |

| 蛇图腾手工包 |

当洪水淹没洼地、平原时，蛇也会逃到高丘或树木上。在这些人蛇共处的避难所里，两者之间的斗争变得更加激烈，当亲历了蛇的凶残后，人们畏蛇的情感会逐渐转为崇蛇意识的一部分。

蛇还具有预报天气的能力。下雨之前，蛇往往会爬出洞来，所谓"燕子低飞蛇过道，大雨不久就来到"，说的就是蛇与天气的关系。

蛇有蜕皮的生理现象，一般二三个月便要蜕一次皮，上古之世的人们看到蛇在粗糙的地面或树干上摩擦，扭动身体蜕去旧皮，长出新的鳞片，犹如再生，于是认为蛇有永葆青春的能力，对其产生了崇拜之情。蛇是多产动物，有很强的生殖能力，因而也成为先民生殖崇拜的对象。

传说中的力量：蛇兆

| 传说中的力量：蛇兆 |

在古人心中，蛇是一种神秘的动物，人们对它既畏惧又崇敬。很多时候，蛇扮演着预言者的角色，人们认为蛇可以预兆吉凶祸福。

古人认为遇见两头蛇是不吉利的事情。《贾子》中曾记载了一则两头蛇的故事。楚国大夫孙叔敖小的时候外出游玩，看见了一条两头蛇。他害怕至极，但又担心此蛇可能会危及其他人，于是鼓起勇气将它杀死并埋了。回家后，孙叔敖越想越担心，忍不住哭了起来。母亲见状，问他哭泣的原因。小孙叔敖回答说："我听说见了两头蛇的人一定会死，

刚才我看见了一条两头蛇，害怕自己会死去，一想到以后看不到您了我就伤心。"母亲说："那蛇呢？"小孙叔敖回答道："我担心那条蛇会伤人性命，就杀了它，把它埋在土里了。"母亲听后，深受感动，对他说："据说暗暗做了好事的人，上天会赐予他福气的，放心吧，你不会死的。"后来，孙叔敖长大后，做了楚国的国相，深受百姓的爱戴。

蛇还被视为帝王之兆，很多统治者借此为自己制造声势。《左传》里记载了一个这样的故事。鲁庄公十四年的时候，在外流亡的郑厉

| 孙叔敖石像 |

公率军攻打郑国，在战斗中擒获了守将傅瑕。傅瑕贪生怕死，恳求郑厉公放了他，并承诺会帮他夺取政权。郑厉公答应了傅瑕，放他回郑国。傅瑕回去以后，处心积虑寻找机会，终于杀死了郑婴和他的两个儿子，并打开城门迎接郑厉公回国即位。据说这件事发生之前有神奇的蛇兆：六年前郑国南城门内，有两条蛇相互争斗，一条蛇为城内之蛇，一条蛇为城外之蛇，结果城内之蛇战败了。民间认为城内的郑婴与城外的郑厉公就是这两条蛇的化身，城内的蛇在斗争中死去，意味着城内的郑婴将会在这场内乱中战败。鲁庄公听说这件事了，怀疑有蛇妖作祟，询问手下的一个智者。智者说："妖由人兴也。人无衅焉，妖不自作。人弃常，则妖兴。"

汉高祖刘邦有一个斩白蛇起义的故事。秦朝末年，那时的汉高祖刘邦还是一个身份低下的亭长，专门负责往骊山押送劳工。押解途中，劳工病困交加，逃亡大半。走到丰县西的涸泽地带时，刘邦于心不忍，擅作主张将劳工都放走了。一天夜里，刘邦喝醉了酒，便让随从到前面探路，那人回来报告说

生肖蛇

前面有条大蛇挡道，实在是无法通行。所谓酒壮英雄胆，刘邦当时豪气大发，说："怕什么，是好汉的跟我来。"于是前去查看，果真有一条大白蛇挡住了去路，刘邦立即挥剑，将蛇斩为两段。不久，远处传来阵阵凄厉的哭声，随从们闻声而去，发现一个老妇人在死蛇面前哭诉："我的儿子白帝子化身为蛇，结果在路上被赤帝子杀了。"后来有人将此事告诉刘邦，刘邦听后暗自高兴，依老妇人所言，刘邦即为赤帝，乃不凡之身。人们听说此事后，都来归附于他。

在古代，人们把蛇与王朝兴衰联系起来。汉灵帝时期，文武辅臣分别是大将军窦武和太傅陈蕃，可惜当时宦官曹节专权，祸害忠良，

| 刘邦斩白蛇石像 |

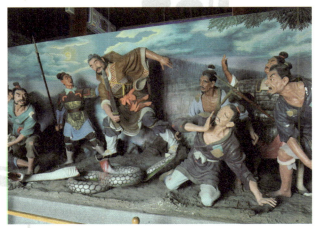

| 刘邦斩白蛇故事雕像 |

窦武和陈蕃不忍百姓受苦，密谋诛杀曹节。不料计划被曹节等人识破，窦武、陈蕃反被所害。至此以后，宦官

们更是嚣张至极，为所欲为。一日，汉灵帝在温德殿议事，刚一坐下，突然殿角狂风骤起，只见一条大青蛇从梁上飞下来，落在汉灵帝面前。汉灵帝当即吓倒在地，侍从们赶紧把他救回宫去，文武百官也都纷纷逃散。不一会儿，蛇便消失了。所谓"国家将亡，必有妖孽"，这则故事以蛇来昭示王朝衰败。

在许多民间故事中，蛇都具有奇异的力量。方孝孺乃明代忠臣，相传在他出生之前，他父亲选了一块风水宝地来重修祖墓。当天晚上，方父做了一个梦，梦见一位穿红衣的老人，向他哀求："你选的风水宝地，是我子孙安家的地方。求你再推延几天，等我的子孙搬走以后，你再动工建墓，我一定报答你。"老人诚恳地说了三次，才作揖而去。第二天，方父梦醒，他认为梦不足为信，便下令当天动工建墓。工人们挖墓时发现了一个大洞，洞里有数百条红蛇，方父没有理会梦中老人的嘱托，命人用火将红蛇全部烧死。到了晚上，方父又梦见那位红衣老人，他满眼怨恨地说："我苦苦哀求你，你却不听，竟把我的子孙全部烧死。你做下如此残忍之事，会遭到报应，我会让你后悔的！"坟墓修好以后，方孝孺便出生了，他的舌尖生得像蛇，但家人没有多想。方孝孺长大后官至翰林学士。明太祖死后，燕王朱棣带兵攻入南京，想要夺取他侄儿的皇位，此时文武百官见大势已去，纷纷降服，唯有方孝孺不肯投

降，并大骂朱棣篡位之举。朱棣大怒道："你不怕灭九族吗？"方孝孺回答："灭十族又能怎样！"燕王咬牙切齿地说："好，我就灭你十族。"燕王把方孝孺的老师也算上一族，加上九族，共杀掉八百人，而当年方父烧死的红蛇数量也正是八百条。这个故事的真假有待考证，至少说明了在古人心目中，蛇具有神奇的力量。

相传宋朝时惠州一带，每当科举考试时，江边的蛇便会口吐异光。若吐出一团异光，就会有一人登科；吐出两团异光，就会有两人登科。当地的士人在科举考试前纷纷住到江畔，观察蛇光，以此来预测是否会中举。

在民间传说中，不仅现实中的蛇可以预示吉凶，梦见蛇也是一种预兆。《诗经》中记载："维熊维罴，男子之祥；维虺维蛇，女子之祥。"罴是一种大熊，虺是一种蛇，意思是说，梦见熊可以生男孩，梦见蛇可以生女孩。民间也有梦见蛇进屋意味着财富的说法，《周公解梦》中也有关于梦蛇的解释，蛇咬人主得大财，蛇入怀中生贵子，水行蛇主有荣迁，蛇绕身者主贵子等，这些都属于吉兆。

祥瑞之神：蛇神信仰和习俗

｜祥瑞之神：蛇神信仰和习俗｜

蛇被人们视为神秘而灵异的存在，因而蛇成了人们信仰和崇拜的重要对象。在很多地方，人们把蛇当成神来崇拜，建庙宇，塑神像，还有相关祭祀活动以及禁忌习俗等。

民间称蛇为小龙，龙为行雨之神，因而人们认为蛇也具有像龙一样的行雨能力。宋代文献《燕翼诒谋录》中记载："八月中，有青蛇长数丈，出郡治；十六日，风雨，林木、城门、营垒尽坏，压死千余人，夜三鼓方止。"此则故事中，蛇能兴风作浪，具有神力。

明清时期，江南地区流行祭祀水神"蛇王施相公"。《清嘉录》有明确记载，说施相公名叫施锷，是宋代秀才。他在山里拾到一个蛋，蛋裂开孵出一条蛇，施相公便收养了这条蛇。后来施相公去参加考试，因为天气炎热，这条蛇就从竹筒里面爬出来纳凉，其他人见到蛇感到惊恐万分，但是赶也赶不走，打也打不过，就纷纷传言这蛇是妖怪。施相公知晓后说："勿怕，这是我养的蛇。"他喝了一声，那蛇就变小缩到竹筒里去了。官府知道后，大惊失色，说施相公竟然有指使妖怪的能耐，那他也绝非善类，就奏请皇

39

| 蛇王施相公像 |

| 蛇王施相公庙 |

| 施相公馒头 |

帝将其斩杀。该蛇看到主人无辜死掉，就怒气冲冲地跑去为他复仇，官府对付不了，只好追封施相公为"护国镇海侯"。因为施相公生前喜欢吃馒头，人们祭祀他的时候就做了大馒头。那条蛇则慢慢爬到馒头上面，身子盘成一团死去了。

后来许多地方都建了施相公庙来祭祀施相公。明末清初时，祭祀施相公就已经成为江南地区的岁时风俗，时间一般从腊月廿五到除夕，祭品为用面粉制作的大馒头，还在上面捏一条蛇，称"施相公馒头"。清代中期以后，人们对龙崇拜有加，便将捏蛇改为捏龙，称"盘龙馒头"。据《华亭县志》记载："市中卖巨馒为过年祀神之品，以面粉博为龙形，蜿蜒于上，循加瓶胜，方戟明珠宝绽之状，皆取美名，以谶吉利，俗呼盘龙馒头。”之后，人们为了方便就做小馒头，在上面捏出小褶子，以象征蛇的身子。

关于对蛇神的崇拜，还有一些特别的节日活动。农历七月初七是中国传统的“七夕节”，是喜鹊搭桥，牛郎织女相会的日子。然而，在福建南平樟湖镇，村民却在七月初七与巨大的蟒蛇亲密接触，庆祝“蛇王节”。当地人称蛇王为连公菩萨，希望其保佑风调雨顺，船只无难，人员平安，还为其建了庙。蛇王庙临江而建，气势恢宏，古色古香，最有特点的地方在于：它的檐角处的仰头雕成蛇头的模样，形态逼真。

| 蛇王庙 |

为了迎接蛇王节，每年举办“赛蛇神”活动。在农历六月份，人们就开始进行准备，出乡捕蛇，然后将蛇放在蛇王庙的一个大瓮里，由专人饲养。据说谁捕获的蛇最多，谁就对蛇王菩萨最有诚意，受到的福佑也就最多。到了农历七月初七这天，人们来到蛇王庙祭拜蛇王，仪式结束后由当地的捕蛇能手向村民分发蛇。之后人们抬着蛇王的神像，肩扛旌旗，鸣锣开道，聚众游行。

游行队伍中每个人都有一条蛇，有人把蛇握在手里，有人把蛇放在肩上，有人把蛇盘在腰间，有人把蛇缠在脖颈。整支队伍浩浩荡荡，颇为壮观。游街队伍到来之前，各家各户都在家门口设上香案，燃放鞭炮，准备迎接"蛇王"的到来，祈求阖家平安。游行结束之后，人们便把参加游行的蛇都放回闽江之中。有的蛇还会三出三回，据说这是它在与人们依依惜别。

赛蛇神是樟湖地区独特的崇蛇民俗。明代文学家谢肇淛在《长溪琐语》中记载："福州水口以上有地名朱船板（即樟湖——当地方言），有蛇数百，夏秋之间赛蛇神一次，蛇之大者缠人腰或人头，出赛。"除了"赛蛇神"活动，樟湖人每年都要举行"游蛇灯"活动。游蛇灯是在每年正月初六至正月廿一举行，按姓氏轮流，每姓负责一晚，每户带着自家所备的木制灯板参加游蛇灯。蛇首模型一般统一制作，外糊绿纸作蛇头，蛇双眼圆睁，

| 蛇王节游行 |

| 游蛇灯 |

| 蛇灯上的祝福 |

造型夸张。蛇身由各家用竹木做的一块块灯板组成，每块灯板装有三盏内部插着蜡烛的灯。灯上裱糊白纸，上面写着许多寓意吉祥的话语。蛇灯队伍蜿蜒前行，人们在家门口燃放鞭炮以迎接蛇灯的到来，场面非常热闹。这一祭蛇民俗一直延续到现在。

2005年，延平闽蛇崇拜民俗作为闽越文化的传统习俗被列入福建省第一批非物质文化遗产名录。

在中国古代神话中，东西南北四方都有神灵守护，它们分别是青龙、白虎、朱雀、玄武，其中玄武为龟蛇合体，被古人奉为北方之神。根据阴阳五行学说，北方为黑色，属水，故北方之神即水神。《后汉书·王梁传》称："玄武，水神之名。"水为万物生长所需，且水能灭火，所以作为水神的龟蛇二将颇受人们重视。

| 蛇龟二将 |

在我国北方地区，还流传着四仙的故事。四仙是指民间传说中的四种动物神的合称，分别是红大仙狐狸、黄大仙黄鼠狼、白大仙刺猬和青大仙蛇。蛇因为其形貌像柳枝也被称为"柳仙"，主司风雨。

蛇不仅是水神，还经常被看作是保护神。比如浙江、江苏一带，人们把家蛇看作是保护神、镇宅神，尊蛇为"土龙""小龙"，见到家蛇不会去打它，把它赶走就行了。过去还有"斋土龙"的习俗，这是农历腊月廿四以后，与腊祭相继进行的祭祀"宅神"的活动。"宅神"的神像就是人首蛇身、头戴官帽的半人半兽模样。

除此之外，蛇还是长寿的象征。蛇有蜕皮的习性，蜕掉旧皮换上更有光泽的新皮。因此，古人认为蛇具有再生能力，是长寿永生之物，有"人死如蛇蜕皮""蛇有无穷之寿"等说法。

由于蛇的繁殖能力很强，很多时候用蛇来象征男女结合，子孙绵延。在江苏宜兴，每年农历九月初九被认为是蛇的生日，家家户户都会用米粉做"米粉蛇"。米粉蜿蜒曲折就像蛇身盘绕一样，米粉周围还要放很多代表蛇蛋的米粉团，寓意多子多孙。

民间剪纸艺术中还经常见到"蛇盘兔"的图案，或蛇首兔头相对，或蛇身环绕兔身。其实，"蛇盘兔"剪纸是生生不息的阴阳符号，常被人们看作是生殖繁衍的标志，表达子孙绵延的愿望。关于蛇盘兔还有一个传说。

在原始社会，相传以蛇为图腾的部落与以兔为图腾的部落产生了矛盾，发生战斗，幸亏两位明智的首领怜惜生灵，通过谈判和解，最终结合为一个部落，从此兴旺发达，传为佳话。从而"蛇盘兔"也就象征夫妻和谐，生活美满。

| "蛇盘兔"剪纸 |

蛇的吉祥寓意不止于此，民间还认为蛇象征财富。传说蛇有一个秘密的地下王国，里面有无数宝藏，想要发财致富的人都会到蛇庙里去祈祷。在民间还有"蛇盘兔，一定富"的俗语，类似的谚语还有"喜蛛石榴蛇盘兔，荣华富贵必定富""蛇盘兔，家家富"。人们认为蛇机智灵活，善于招财，兔子柔顺温和善于守财，于是便有了这样的说法。

| 招财蛇装饰品 |

| "蛇盘兔"面食 |

蛇盘兔也是一种小吃。在清明时节，山西、陕西以及甘肃一带的人们为了纪念忠诚孝义的介子推，就用面粉捏成"蛇"盘"兔子"的形状，"蛇"代表介子推的母亲，"兔子"代表介子推自己，"蛇"和"兔"缠绕在一起，用来表达孝道之心。

民间还将蛇与蜈蚣、蝎子、壁虎、蟾蜍合称为"五毒"。苏州一带有端午前后给小孩儿穿五毒衣的习俗。端午的日期是农历五月初五，也是"恶月恶日"，此时天气湿热，人容易生病，各种毒蛇毒虫也非常活跃，一不小心就可能被咬伤。为驱赶毒虫，辟邪消灾，人们让孩子们穿上绣有"五毒"图案的衣服，取其以毒攻毒之意。

此外，各地还有很多与蛇有关的禁忌和相关巫术。

| 民间端午节射五毒活动 |

傈僳族媒人去女方家说媒时，要是在路上看到蛇，要改天再去。纳西族忌讳见到蛇吞青蛙，否则会生病。瑶族人忌讳见到蛇蜕皮，认为这意味不祥，要马上在离蛇不远处脱掉自己的一件衣服，灾祸才会消除。贵州一带，每年3月5日为惊蛰节，忌讳听到雷鸣声，否则当年会蛇虫成灾。有民谚说："惊蛰有雷鸣，虫蛇多成群。"有些少数民族甚至还把蛇日、蛇时作为禁忌。比如彝族，每逢盖新房都要先占卜，祈求吉祥如意，一般忌讳蛇日动土盖房。在蛇时出现异常现象，则可能会有灾祸发生。

有关蛇的民间习俗丰富多彩，或是向蛇神祈福消灾，或是以蛇寓意多子多孙，吉祥富贵，或是遵循与蛇有关

｜新春文化庙会上以蛇为形象的面塑作品｜

|生肖蛇花灯|

　　的禁忌等，这些都传递着人　　美好期盼。
们对蛇的崇敬以及对生活的

人蛇之恋：
传说中的蛇精与蛇郎

| 人蛇之恋：传说中的蛇精与蛇郎 |

秦汉以来盛行物老成精的观念，人们认为一些动植物吸天地之灵气，年深日久可以修炼成精。在民间传说中，有许多关于蛇修炼成精、幻化成人的故事。这些蛇精多为女性，且相貌美丽，她们有的邪恶狠毒，专以美色迷惑男性，然后吸取其精气，以提高法力。有的善良忠贞，与人相恋，演绎出动人的爱情故事。

关于蛇精幻化成女子的记载，最早可见于唐代谷神子所作《博异志》中的《李黄》《李琯》，其后还有宋代话本《西湖三塔记》。这三个故事讲的都是一名男子被白

蛇所变的美貌女子迷惑，与之相处后死于非命。如《李黄》中，故事主人公李黄和一个白蛇变成的寡妇同居了几日，回到家后便感到头晕目眩，卧床不起。而《李琯》讲的是一个富家公子李琯被一白蛇妖女所迷惑，与她同住一晚后，第二天就断气了。《西湖三塔记》说的也是男主人公奚宣赞被白衣妇人缠住，妇人为蛇精所变，再三想要取其心肝食用，最后由于道士相助奚宣赞才免遭毒手。

在古籍记载中，蛇精大多幻化成相貌绝佳的女性形象，加害于人。这样的设定

其实是警告世人不要贪恋女色，同时也反映了当时女性被歧视的一种状态。母系社会解体之后，父系社会日渐成熟与稳定，女性处于一种依附男权的劣势地位。

到了宋元时期，中国的礼教思想日益成熟。受封建礼教思想的束缚，女性的地位卑微到了极限，完全变成了男人的附属品。女性没有任何权利可言，随时可能遭到遗弃，在生活中多唯唯诺诺，默默承受不公。此时民间故事中的蛇女人性意味不浓，被人发现蛇的身份后，或被人陷害致死，或自己悄悄离开，多为悲剧故事。

宋代洪迈在《夷坚志》中记载了几个蛇贤妻的故事。《钱炎书生》中，一个广州书生在寺庙中苦读，一日夜里，有美人前来相伴，后来女子有了身孕。一个法师告诉书生那女子是蛇精，让书生拿出道符给她看，女子看后默默不语，一会儿便化为一大一小两条蛇爬走了。《衡州司户妻》中，蛇妻貌美，睡觉时却总是张嘴伸舌头，而且舌尖是分叉的。被丈夫察觉后蛇妻与其挥泪告别："与君缘分止此，行当永诀。"蛇妻后来悄然死去。《历阳丽人》中的蛇女与一男子情投意合，后来却被道士害死。

明清以后，随着资本主义萌芽的出现，中国的社会经济发生了深刻变化，民主思想开始萌发，人们逐渐打破"存天理，灭人欲"的桎梏，肯定"情"，张扬"情"，个人价值逐渐得到世俗社会的关注与肯定，传统的婚恋观受到怀疑与批判。而这时的蛇女故事也开始张扬人性意味，肯定其大胆追求自身幸福的举动。

明代蛇精故事中最有名的是冯梦龙整理的《白娘子永镇雷峰塔》，是白蛇传说的最早定本，其主要内容与现在的传说大体相似，只是男主角叫许宣，不叫许仙；而小青是个青鱼精，不是青蛇精。

故事发生在宋朝绍兴年间，一个地方政府财务处管理员的内弟许宣，在一家药铺做主管。清明节，许宣去庙里烧香回来，在雨中渡船时，邂逅一个姓白的美貌寡妇和一个叫青青的丫鬟。两人借伞还伞后，白娘子看上许宣，主动表白说要嫁给他，可是许宣囊中羞涩没钱结婚，白娘子就拿出五十两银子送给他。后来许宣的姐夫发

| 木雕《白蛇传》 |

现这钱是从官府偷来的，这下大家都觉得白娘子是妖怪，竟然能不动声响地偷走官银，就要把她抓走。这时白娘子却消失不见了，许宣则被发配到苏州。半年后，白娘子又到苏州找许宣，经过百般解释之后，二人和好如初，并且结为夫妻。但是和尚法海却看出白娘子是蛇精，还告诉了许宣，许宣吓得要法海收他为徒，最终法海收押了白蛇精和青鱼精。

许宣入佛门修行数年坐化。

这里的白娘子没有吃人行径，更无故意害人之意，只是想要与喜欢的男子夫妻恩爱、白头偕老。但是白蛇的妖气还是时隐时现，她不顺意的时候就现出原形吓唬别人，妖性未除。这个故事虽然肯定了白蛇女敢爱敢恨的形象，但是这种肯定还不够彻底。

清代，人们的反封建意识逐渐成熟，对自由和人性

| 杭州西湖断桥 |

｜新版昆曲《白蛇传》｜

｜雷峰塔｜

京剧《白蛇传》

至圣的蛇仙，与现在流传的白蛇传说大体一致。故事讲的是在峨眉山修炼的白云仙姑，原是白蛇化身，因羡慕人间繁华，便与蛇妖小青相约化为主婢来到杭州西湖，在河畔与许仙相遇，之后结为夫妇。金山寺的和尚法海认为江南乃佛门之地，岂能容妖孽栖身，一再破坏她与许仙的婚姻。端午节，白娘子误饮雄黄酒，露出原形，吓死许仙。之后，白娘子到南极仙翁那里求取仙草把他救活。法海却引诱许仙来到金山寺并将之软禁寺中。白娘子救夫心切，一再向法海求情，未果，便发动虾兵蟹将，将长江倒流，水漫金山，誓与法海一较高下。不料却使当地的无辜百姓遭了劫难，惹得众怒，因而触犯了

的渴望已经无法掩饰，蛇女的形象也由原来的半人半妖走向蛇仙。方成培根据冯梦龙编写的《白娘子永镇雷峰塔》改编创作的《雷峰塔传奇》彻底涤荡了白蛇的妖气，将之塑造成表里如一、至情

56

天条,被收押于雷峰塔下。后来白娘子的儿子长大后中了状元,将雷峰塔中的母亲救出,全家团聚,一起成仙升天。

在故事的构思中,方成培是怎样为白娘子正身的呢?首先在故事的缘起上,在冯氏笔下,许宣由于动了色心才招来蛇妖,而方氏笔下,则改为白蛇修炼时动了凡心想要寻觅有缘人,才执意下凡与许仙共续前缘。其次,在情节波折的处理上,偷盗财物都是青青所为,白娘子并不知情,不知者无罪,这样就净化了白娘子的形象。再次,在言语的措辞上,她使用的法术从"妖术"转变为"仙术"。最后,在大结局的处理上,白娘子之子许士麟高中状元,回乡祭奠,

感动上天,最终法海奉佛旨释放了白娘子。

另外,还在内容上增加了"夜话""求草""水斗""断桥"等情节,以凸显许白二人的情爱纠葛。"夜话"的前一部分描写白娘子与小青夜间的对话,表达白娘子对爱情的焦虑。后一部分写夫妻二人在花前月下的恩爱缠绵。"求草"凸显白娘子为救夫君而不顾自己生死盗取仙草的崇高形象。"水斗"是白娘子与封建势力的代表法海进行正面冲突的描写,虽然白娘子战败,但是却肯定了她的反抗精神。"断桥"是整个故事的高潮,细致刻画了白娘子对许仙薄情的责难但又对其痴心不改的矛盾情感。方成培笔下的白娘子痴情可爱、独立善良,执着

于爱情，受尽折磨且坚贞不屈，敢于向以法海为代表的邪恶势力作殊死斗争。法海不再是斩妖除魔的正面形象，反而成了阻挠白娘子与许仙结合的障碍，白娘子的反抗得到民众同情。

和蛇精故事一样流行的还有蛇郎故事。在一些传说中，蛇郎被认为是人类的始祖。台湾的卑南人就有一个关于蛇郎的传说。大南村有一个美丽的少女，很多英俊的男子向她求婚她都不答应，因为她爱上了一条蛇。后来蛇向女子的父母提亲，他们就结婚了。婚后，他们生了很多孩子，这些孩子就是世界上的各种动植物。

怒族的传说中也有类似的故事。母女四人一起上山砍柴，遇到一条大蛇，要求与其中一个女儿结婚，为保全母亲和姐妹的性命，三女儿自愿嫁蛇，生下很多后代，从此成为蛇氏族。

白族有一个"三姑娘和蛇氏族"的故事。三姑娘上山割草，遇到一条青蛇并嫁给了他，还生下十几个孩子。后来她母亲帮她带孩子，不小心用开水把这些蛇孩子烫死了。不久三姑娘又生了两

| 怒族服饰 |

个儿子，这两兄弟也有好几个儿子，有的说怒族语，有的说傈僳族语，还有的说其他族的语言，他们便成为蛇氏族的祖先。

还有蛇郎变身英俊男子娶亲的故事。东晋陶潜《搜神后记》中的《女嫁蛇》记载了这样一则故事：晋太元中，有一个官宦人家将女儿嫁给了邻村的男子，夫家派人前来迎娶，而女方家怕女儿孤单就让其乳母前去送她。到了新郎家，只见亭台处处楼阁重重，气派可与王侯府第相比。但是到了晚上新娘子却一直哭泣，又说不出来话。乳母便伸手去抱新娘子，这才发现是一条大蛇"缠其女，从足至头"，外面的婢女仆人"悉是小蛇，灯火乃是蛇眼"。

59

类似的还有蛇郎与三姐妹的故事。传说一个樵夫有三个女儿，有一天要上山砍柴，下山的时候想给女儿带几朵花回去。可是樵夫刚摘到鲜花，就遇到了一条蛇。他要求樵夫把一个女儿嫁给他，不然就吃了他。樵夫回到家后说了这件事，小女儿说自己愿意嫁过去。于是，小女儿嫁给了这条蛇。有一天，她的两个姐姐来看望她，发现蛇郎对她既温柔又体贴，而且生活很富裕。大姐心生嫉妒就把她推进了井里，自己做了蛇郎的老婆。后来小女儿变成了一只小鸟，每天在树林里唱歌："臭丫头，不害羞，对着镜子照狗头。"大姐一生气就把小鸟摔死埋到了院子里。后来那里长出来一棵树，还结出了果子，但是当她去摘的时候，树上的果子却纷纷地往下掉，个个都打在她头上。大姐一怒之下就把树砍掉当柴火烧了，可是就在她做饭的时候，灶台里忽然喷出一团火来，烧得她无处躲藏。

蛇精和蛇郎故事的流传，反映了人们对蛇的复杂情感。一方面心怀恐惧，害怕其祸害人间，因而故事中蛇的形象妖媚、恶毒和残暴。另一方面人们又喜欢和崇拜蛇，因而蛇的形象既可以是美丽善良对爱情忠贞不渝的女子，也可以是勇敢正直、富有魅力的翩翩少年。这也可以看成是远古社会蛇图腾和蛇信仰的一种遗存。

正与邪的共处：
有关蛇的常用语

┃正与邪的共处：有关蛇的常用语┃

在人们心中，蛇是多义的存在。它既象征着恶毒、狡诈、忘恩、愚蠢、死亡，是邪恶的代表；同时也象征着财富、正义、报恩、智慧、灵性，是祥瑞的化身。这一特性也突出体现在有关蛇的常用语上。

蛇没有脚也能行走自如，神出鬼没、行踪诡秘，而且时不时还半立着身子伸出舌头，致命的毒液更是令人恐惧，给人留下阴险恶毒的印象。基于这些特性，人们总结了很多有关蛇的负面形象的用语。比如歇后语"眼镜蛇打喷嚏——满嘴放毒""惊蛰后的青竹蛇——越来越

毒""毒蛇驮蜈蚣——上下都是毒""毒蛇出洞——伺机伤人""毒蛇的牙齿马蜂针——全是毒""毒蛇吐芯子——出口伤人"等等。

这种意思也常见于一些成语中，比如蛇蝎心肠。蛇毒和蝎毒，都是"五毒"之一，雌蛇产下蛋之后，就会离去。

┃眼镜王蛇┃

蝎子交配后，雌蝎子会吃掉雄蝎子，小蝎子出生后会吃掉雌蝎子。它们对待自己的亲人都冷酷无情。后来用"蛇蝎心肠"这个词比喻人冷酷无情、心肠狠毒。同类的成语还有佛口蛇心，比喻说话好听，但是内心却像蛇一样狠毒，指代那些口蜜腹剑之人。这个成语出自《五灯会元·净慈昙密禅师》："诸佛出世，打劫杀人，祖师西来，吹风放火，古今善知识，佛口蛇心，天下衲僧自投笼槛。"

也有用被毒蛇咬伤的处理办法而彰显哲理的成语，比如：蝮蛇螫手，壮士解腕。这个词是说手腕如果被蝮蛇咬伤的话，应该立即把手斩断，一旦毒液蔓延全身，就会危及生命，语出《三国志·魏书·陈泰传》："古人有言，蝮蛇螫手，壮士解其腕。"比喻事情到了紧要关头，必须下定决心当机立断，也比喻牺牲局部，照顾全局。此外，也有很多谚语表达蛇之

| 蝎子 |

| 捕食中的蛇 |

恶毒，如"嘴里念弥陀，心赛毒蛇窝""毒蛇口中吐莲花""八哥嘴巴毒蛇心"等等。

万一被毒蛇咬伤，很可能会性命不保，由此人们对蛇很是恐惧，若是被蛇伤害过，更是心有余悸，以后就是见到相似的东西也会害怕。"一朝被蛇咬，十年怕井绳"的本意就是人被蛇咬过之后，看到长相和蛇差不多的提井水用的绳子，也会感到害怕。多形容被某件事物伤害或受到惊吓后，对与其相关的、相似的事物也会产生恐惧心理。佛家也有"绳蛇"的比喻，如宋朝子璿的《起信论疏笔削记》卷十九："知法如幻，故无所怯。绳蛇非毒、杌鬼无心，何所怯耶！"意思是说，绳子像蛇但并不是蛇，不要把假的东西看作是真的东西而心生胆怯。民间也有熟语"看到绳子都是蛇"。《续传灯录》卷二十九还有这样的说法："一度著蛇咬，怕见断井索。"我国古代不仅有把绳子看成蛇而害怕的成语，还有把投影在酒杯里的弓箭的影子误认为是蛇的成语"杯弓蛇影"，用来比喻因疑神疑鬼而引起恐惧。相关的歇后语还有"踩着麻绳当蛇——大惊小怪"。

既然蛇这么令人恐惧，为了保全性命，只有将其打死。关于打蛇的"打蛇打七寸——攻其要害"，比喻说话做事必须抓住关键。"七寸"其实只是一个笼统的概念，大概就是蛇心脏所在的地方，一旦这里受到致命的伤害，蛇将必死无疑。然而也有些人说"打蛇打三寸"，三寸在蛇的头部后面颈部的部位，打了之后，它就会头部缺血而晕倒。尽管说法不太相同，但是这里却有一个相同点就是打蛇要打蛇的致命位置。当然了，因为蛇的种类与大小有所不同，"三寸""七寸"的位置每一条蛇也都不尽相同。与此相关的歇后语还有"打蛇不死打蚯蚓——怯大欺小"，关于打蛇的谚语还有"打草惊蛇，反为不美""打蛇要打颈，斩草要除根""打蛇打七寸，挖树先挖根""打蛇不死，后患无穷"等。

蛇经常栖居在潮湿阴冷的环境中，浑身冰凉，而且爬行的时候往往悄无声息，神出鬼没，因此被认为很阴险，这种特征多用来形容小人。如"龙屈蛇伸"，其中"龙"代指君子，"蛇"代指小人，比喻君子受屈而小人得志。出自清代陈恭尹《送雪公归耕苍梧歌》："毛摧羽落君莫叹，龙屈蛇伸自终古。"此诗写的是友人有龙虎之才，但是却得不到重用，只能回乡耕田，但是陈恭尹安慰友人自古以来君子总是会受些委屈的，不要因此过度伤心哀叹。与此相类似的成语还有"龙蛇混杂"，在这里，"龙"代指好人，"蛇"代指坏人，比喻好人坏人混在一起，分不清楚。该成语出自《敦煌变文集·伍子胥变文》："孤情难立，见此艰辛，皂帛（白）难分，龙蛇混杂。"用蛇来代指坏人的成语还有"牛鬼蛇神"，这个词原来是形容事物非常虚幻荒诞，语出唐代李贺的《李贺集序》："鲸呿鳌掷，牛鬼蛇神，不足为其虚荒诞幻也。"后来用它比喻社会上形形色色的坏人。相关的歇后语还有"地头蛇请客——福祸莫测"。

虽然有些蛇身藏剧毒，令人恐惧，但有的蛇也有友好的一面。最经典的故事就是"蛇雀之报"了。传说隋侯外出时，看见一条大蛇身受重伤，身子从中间断开了，非常可怜，就给蛇上药救了它一命。第二年大蛇衔着一颗明珠来回馈他。另一个传说是说杨宝幼年时，看见一只黄雀被猫头鹰击伤，杨宝将黄雀带回家疗伤，伤好后就把它放飞了。第二天黄雀就化身为一个黄衣童子，拿着四枚白玉环去报答他。"蛇

| 白玉环 |

雀之报"的主题是报恩，本质上是对蛇神崇拜的延续，认为蛇神能够保佑四方，也有感恩之心，我们要与其好好相处。

蛇的祥瑞形象也经常出现在对联中，比如在蛇年春节的时候我们经常看到这样的对联：

金蛇狂舞春添彩，紫燕翻飞柳长青；

龙岁才舒千里日，蛇年更上一层楼；

蛇吐宝珠辞旧岁，燕衔

| 蛇年的对联 |

剑威风，仙佛焉耳矣；有降龙伏虎手段，龟蛇云乎者。"真武帝君是道教信奉的神，传说为"北方之神，龟蛇合体"，后演变为人形，披发仗剑，足踏龟蛇。这副对联盛赞了真武之神威。

蛇的动作犹如行云流水，迅捷而有力，这一美学特征常常被用来形容书法的流畅、活泼、雄健等。如"笔走龙蛇"，也常作"笔底龙蛇"，意指笔下的字犹如龙蛇舞动，形容书法雄健活泼，气势如虹。关于这个成语还有一个典故，说的是唐朝时，贺知章在府上宴请宾客，玄奘法师的弟子怀素，虽然出家但不戒酒，还写得一手好书法。酣饮之际，怀素被要求作一席书法，李白被要求

柳叶贺新春。

也有一些文人题写关于蛇的对联，如苏轼题于广州真武庙的对联："呈披发仗

赋诗一首。怀素放下酒杯，飘然起立，堂上顿时一片寂静。但见他援笔蘸墨，运气挥毫，臂转腕旋，不多久，满地都是灵气飞动的草书。此时，李白的《草书歌行》也正好写完："少年上人号怀素，草书天下称独步。墨池飞出北溟鱼，笔锋杀尽山中兔……悦悦如闻神鬼惊，时时只见龙蛇走。"贺知章称赞："上人书写，左盘右旋，确实是只见龙蛇走啊！好字，好诗！"

| 真武大帝画像 |

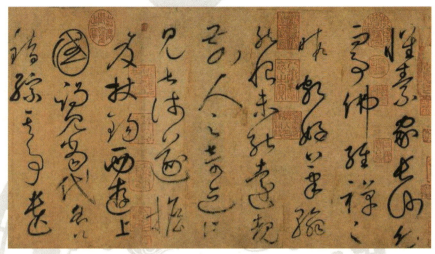

"飞鸟惊蛇"一词意思是小鸟飞入树林，受到惊吓的蛇窜进草丛，这些现象都是大自然的正常景象，不是人为造就的，后来形容草书自然流畅。成语出自《法书苑》："唐时一僧释亚楼善草书，曾自题一联：'飞鸟入林，惊蛇入草。'"

还有一个相似的词用来描述文学作品非常流畅自然，叫"草灰蛇线"。本义是说，草蛇爬过的印记像缝衣服的线在炉灰里拖一下的痕迹，比喻事物留下隐约的线索和迹象，多用来形容作者写故事时，在文字中留下很多自然的线索，读起来顺畅而不突兀。

我国有关蛇的用语，不管爱恨褒贬都寓意深刻，有的深藏历史意义，有的彰显哲学义理，有的还颇为幽默风趣，这些都是几千年人民智慧的结晶，值得我们好好学习。

图书在版编目（ＣＩＰ）数据

生肖蛇 / 蔡磊编著；张勃本辑主编. -- 哈尔滨：
黑龙江少年儿童出版社，2020.2（2021.8重印）
　（记住乡愁：留给孩子们的中国民俗文化 / 刘魁立
主编. 第十一辑，生肖祥瑞辑）
　ISBN 978-7-5319-6463-6

　Ⅰ．①生… Ⅱ．①蔡… ②张… Ⅲ．①十二生肖—青
少年读物 Ⅳ．①K892.21-49

中国版本图书馆CIP数据核字（2020）第005502号

记住乡愁——留给孩子们的中国民俗文化　　　　刘魁立◎主编
第十一辑 生肖祥瑞辑　　　　　　　　　　　　　张　勃◎本辑主编
生肖蛇 SHENGXIAO SHE　　　　　　　　　　　蔡　磊◎编著

出 版 人：商 亮
项目策划：张立新　刘伟波
项目统筹：华 汉
责任编辑：何 萌
整体设计：文思天纵
责任印制：李 妍 玉 刚
出版发行：黑龙江少年儿童出版社
　　　　　（黑龙江省哈尔滨市南岗区宣庆小区8号楼 150090）
网　　址：www.lsbook.com.cn
经　　销：全国新华书店
印　　装：北京一鑫印务有限责任公司
开　　本：787 mm×1092 mm　1/16
印　　张：5
字　　数：50千
书　　号：ISBN 978-7-5319-6463-6
版　　次：2020年2月第1版
印　　次：2021年8月第2次印刷
定　　价：35.00元